HOUGHTON MIFFLIN HARCOURT

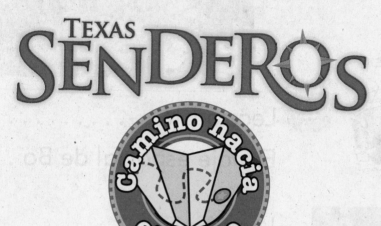

TEXAS SENDEROS

Camino hacia el éxito

Libro de lecturas para escribir
Grado 1 Volumen 2

Copyright © by Houghton Mifflin Harcourt Publishing Company

Printed in the United States of America.

ISBN: 978-0-547-27719-6

3456789 - 0877 - 17 16 15 14 13 12 11 10

4500240360   B C D E F

HOUGHTON MIFFLIN HARCOURT
School Publishers

Contenido

✔ PALABRAS QUE QUIERO SABER

liviano

mostrar

porque

regresar

El espacio

Completa la oración.

Marca la mejor palabra.

1 Expulsa humo _____ está caliente.

☐ porque   ☐ liviano

2 Pone una bandera para _____ que estuvo allí.

☐ porque   ☐ mostrar

3 La nave espacial va a _____ a la base.

☐ regresar   ☐ liviano

4 El hombre se sintió _____ como el polvo.

☐ mostrar   ☐ liviano

Lee las palabras del cuadro.
Escribe las palabras debajo del dibujo.

bombero	campo
envase	ardilla

El viaje espacial de Bo

por Megan Linke

Bo se sentó en su nave espacial.

Conectó los botones y pulsó las palancas.

—¡Viaje al espacio! —dijo—. ¡Vamos allá!

Pero su mamá dijo: —¡Hora de comer!

El pequeño Bo tuvo una buena idea.

Bo dibujó un mapa para **mostrar** el camino.

—¡Viaje al espacio! —dijo—. ¡Vamos allá!

Pero su mamá dijo: —¡Hora de dormir!

—Descansa antes de irte, Bo —dijo
mamá—. **Porque** el espacio está muy lejos.
—Bueno —dijo Bo—. Será mejor que
descanse.

Entonces la nave espacial de Bo salió volando.

La nave expulsaba humo al subir.

¡Bo se sintió tan **liviano** como el polvo!

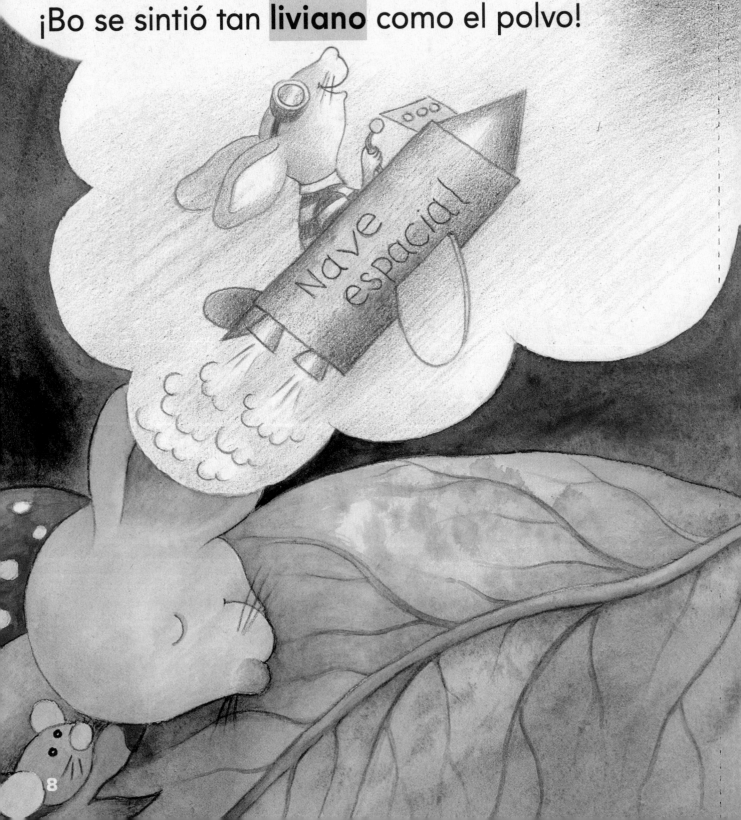

Había muchos puntos de luz a su alrededor.

Bo giró para mirar la Tierra.

¡Echaba de menos a su mamá!

Era hora de **regresar** a casa.

Luego Bo se despertó.

Le dio un beso a su mamá.

—El espacio es divertido —dijo Bo—. Pero estoy contento de estar en casa.

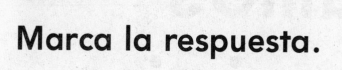

Marca la respuesta.

1 ¿Cuál es la idea principal de este cuento?

☐ Bo quiere ir al espacio.

☐ Bo tiene un mapa.

2 ¿Qué tiene la nave espacial de Bo?

☐ estrellas   ☐ botones

3 Marca un detalle del viaje de Bo.

☐ Bo lleva gafas.

☐ La mamá de Bo viaja con él.

Escribe sobre el viaje de Bo.

4 ¿De verdad fue Bo al espacio?

_____

_____

_____

ir

segura

viajar

Vamos de viaje

Completa la oración.

Marca la mejor palabra.

1 Podemos ____ en autobús.

☐ ir   ☐ auto

2 Esa bicicleta está rota. No es ____.

☐ segura   ☐ viajar

3 Vamos en el _____ de papá.

☐ ir   ☐ auto

4 A Clara le gusta _____ a muchos lugares.

☐ viajar   ☐ segura

Lee las palabras del cuadro.

Escribe las palabras debajo del dibujo.

globo   flecha

pluma   clase

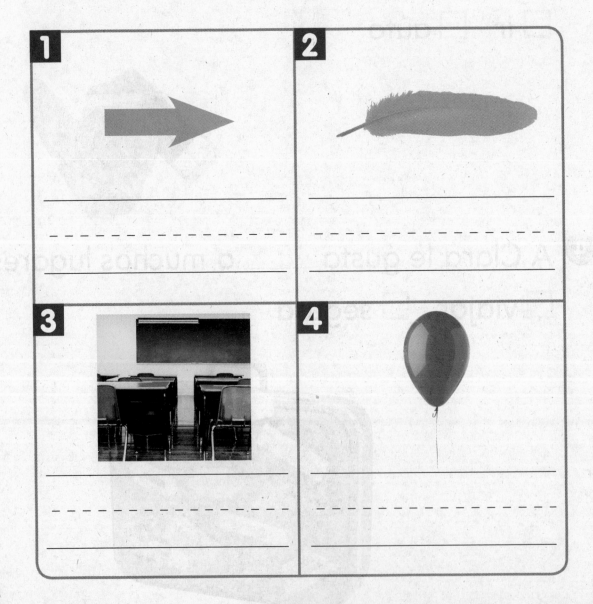

1

_____

- - - - - - - - - - - - - -

_____

2

_____

- - - - - - - - - - - - - -

_____

3

_____

- - - - - - - - - - - - - -

_____

4

_____

- - - - - - - - - - - - - -

_____

Papo

Rex

Chucho

Al

Rosa

Papo va de viaje

por Miguel Ayala

Papo se sentó en su **auto**.

—¡Allá voy! —dijo.

—¿Puedo ir? —preguntó Rex.

—¡Claro! Pero tienes que **viajar**
de una manera **segura** —dijo Papo.
Chucho no habló.
Sólo dijo: —Ñigo.

—¡Yo, yo! —dijo Al—. ¡Qué divertido!

Y Al subió al **auto**.

¡Plim!¡Plam!¡Plum!

Rosa también subió.

—¿No hay sitio para mí? —preguntó
Papo—. ¿Tengo que **ir** en bicicleta?

—Sí —dijo Rex.

Pero Rosa hizo espacio.

—Ven a mi lado, Papo —dijo.

—Gracias, Rosa —dijo Papo.

Y se fueron de viaje.

¡Mec! ¡Mec! ¡Mec!

Marca la respuesta.

1 ¿Quién tiene el auto?

☐ Al   ☐ Papo

2 ¿Qué sonidos hace Al al entrar al auto?

☐ plim, plam, plum

☐ mec, mec, mec

3 ¿Quién hace espacio para Papo?

☐ Rex   ☐ Rosa

Escribe sobre un lugar al que fuiste.

_____

4 Fui a _____.

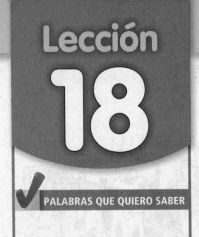

Lección 18

PALABRAS QUE QUIERO SABER

comida

debajo

directamente

estas

¡A comer!

Completa la oración.

Marca la mejor palabra.

1 Hay muchos tipos de _____.

☐ debajo ☐ comida

2 Ana tiene un soporte rosa _____

de su helado.

☐ estas ☐ debajo

22

3 Julia pone _____ verduras en los tacos.

☐ debajo ☐ estas

4 Pepo bebe leche ___ del vaso.

☐ comida ☐ directamente

Lee las palabras del cuadro.

Escribe las palabras debajo del dibujo.

| ladrillo | tigre |
| trigo | libro |

1

_____

- - - - - - - - - - - -

_____

2

_____

- - - - - - - - - - - -

_____

3

_____

- - - - - - - - - - - -

_____

4

_____

- - - - - - - - - - - -

_____

El gran festín de Hormiga

por Megan Linke

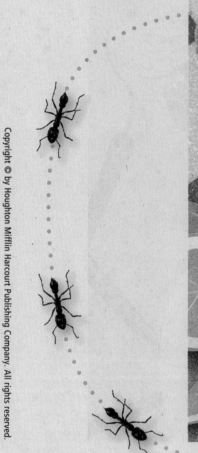

Se acabó la fiesta,

Y los niños se fueron a jugar.

Pero no recogieron la **comida**.

¡Hoy es mi día! ¡A trabajar!

Una cosa te diré:

mucho puede comer una hormiga.

Yo como y como sin parar

hasta llenar la barriga.

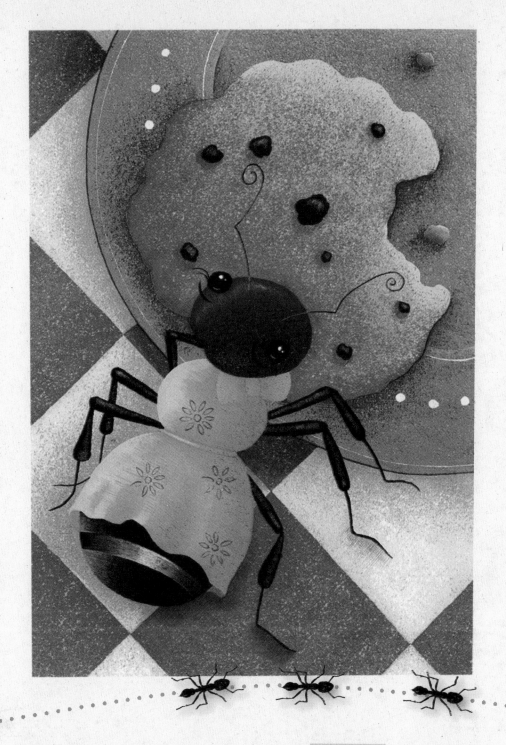

Mucha gente tiraría **estas** migas **directamente** a la basura. Pero para las hormigas, ¡este festín es una hermosura!

¿Ven? Miren lo que hay
debajo del plato.

Una manzana todavía fresca.

¡Comerla toda me llevará un rato!

Terminé de comer.

¡Ya estoy llena!

Pero todavía queda **comida**.

¡Qué pena!

Y después de comer,
¿qué mejor que una siesta?
Buenas noches, amigos.
¡Hasta la próxima fiesta!

Vuelve a leer y responde

Leamos juntos

Marca la respuesta.

1 ¿Para qué está escrito este cuento?

☐ para entretener

☐ para enseñarnos qué comer

2 ¿Cómo se cuenta este cuento?

☐ en dibujos solamente

☐ en dibujos y rimas

3 Al final, ¿por qué descansa Hormiga?

☐ Está llena.   ☐ Está asustada.

Escribe sobre tu comida favorita.

_____

4 Me gusta comer _____ .

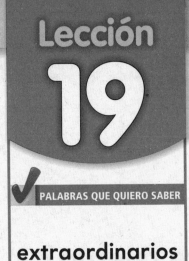

✓ PALABRAS QUE QUIERO SABER

Cuando seamos mayores

extraordinarios

papel

pronto

trabajo

Completa la oración.
Marca la mejor palabra.

1 Los perros son animales _____.

☐ pronto ☐ extraordinarios

2 El papá de Ana hace su ____ en casa.

☐ trabajo ☐ pronto

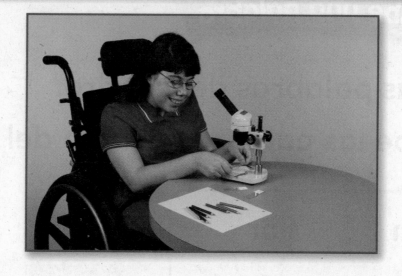

3 Sofía tomará notas en el _____.

☐ extraordinarios ☐ papel

4 ¡Nosotros creceremos muy _____!

☐ pronto ☐ trabajo

Lee las palabras del cuadro.

Escribe las palabras debajo del dibujo.

tren	flor
brincar	granja

1

2

3

4

Cuando Tom sea mayor

por Diana Laredo

Tom se sentó en el regazo
de su madre.

—Cuando sea mayor —dijo Tom—,
escribiré un libro como este.

¡Y también dibujaré!

Cada día, Tom hacía su tarea de lectura.

Pero no se quejaba del **trabajo**.

Tenía ganas de aprender a escribir.

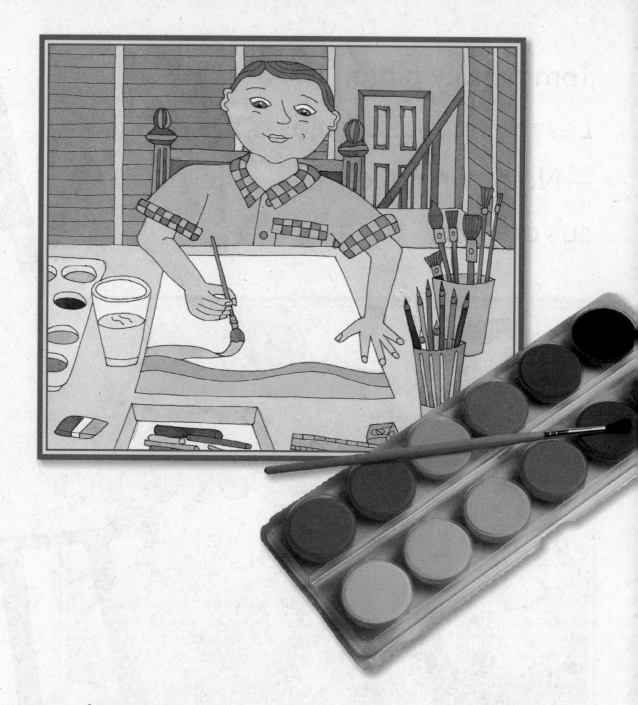

Un día a Tom le regalaron una caja
de colores.

Tom estaba contento. —¡Son
extraordinarios! —dijo.

Tomó un **papel** y se puso a dibujar.

Tom pintó y pintó.

Les mostró sus dibujos a sus amigos.

—No están nada mal —dijeron
sus amigos.

Tom tenía su meta.

Debía trabajar duro para alcanzarla.

Pero no se dio por vencido.

Muy **pronto**, el **trabajo** de Tom dio frutos.

Hoy en día, Tom escribe para niños.

¡Y también dibuja para ellos!

Vuelve a leer y responde

Leamos juntos

Marca la respuesta.

1 ¿Qué quiere hacer Tom?

☐ enseñar a los niños ☐ escribir libros

2 ¿Cuándo lo decide Tom?

☐ cuando era niño

☐ cuando se hizo mayor

3 ¿Qué hizo que Tom quisiera ser escritor?

☐ Su amigo lo animó a escribir.

☐ Su mamá le leía cuentos.

Escribe sobre ti mismo.

4 ¿Qué serás cuando seas mayor?

_____

_____

_____

Naturaleza

más

quiero

tratar

viejo

Completa la oración.

Marca la mejor palabra.

1 Este árbol es muy ____.

☐ quiero   ☐ viejo

2 Los zorros buscan ____ comida.

☐ tratar   ☐ más

3 —Yo _____ una piña —dijo la ardilla.

☐ quiero ☐ más

4 Los niños ayudan para _____ de limpiar

el parque.

☐ viejo ☐ tratar

Lee las palabras del cuadro.

Escribe las palabras debajo del dibujo.

trineo	boa
teatro	toalla

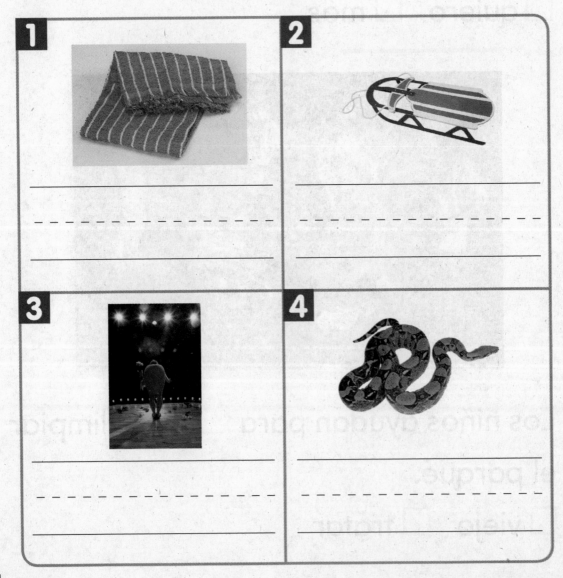

1

_____

- - - - - - - - - - - - -

_____

2

_____

- - - - - - - - - - - - -

_____

3

_____

- - - - - - - - - - - - -

_____

4

_____

- - - - - - - - - - - - -

_____

Rana Platanera canta su canción

por Diana Laredo

Hace tiempo, Rana Platanera era feliz.
Cantaba y cantaba sus poemas todo
el día.

—Cru, cru, cru. Cro, cro, cro —cantaba.

Pero la pobre ranita no tenía
muchos fans.

—¡Cree que sabe cantar! —dijo el
viejo Pato.

—¡Vaya chiste! —dijo Libélula.

Al final, Pato la hizo parar.
—¡Deja de cantar! —dijo—. ¡A
nadie le gusta tu canción!
Rana Platanera se puso a llorar.

Para que no la vieran, Rana se metió
debajo de una hoja.

Entonces, una cara se acercó y la miró.

—No llores —dijo—. Debes **tratar**
de animarte.

—**Quiero** cantar —lloraba Rana—.

Pero a nadie le gusta mi canción.

—A mí sí me gusta —dijo su nueva

amiga—. ¡Canta para mí!

En ese momento, Rana se puso de pie.

Cantó a la luz de la luna.

Hoy, Rana Platanera canta por la noche.

¡Y es **más** feliz que nunca!

Vuelve a leer y responde

Leamos juntos

Marca la respuesta.

1 ¿Por qué Pato le habló a Rana Platanera?

☐ para hacerla callar

☐ para pedirle que cantara

2 ¿Cómo hizo Pato que se sintiera Rana?

☐ muy triste   ☐ muy enfadada

3 ¿Qué hizo que Rana se alegrara?

☐ A la luna le gustó su canción.

☐ Pato le pidió perdón.

Escribe sobre la nueva amiga de Rana Platanera.

_____

4 Es _____ .

✓ PALABRAS QUE QUIERO SABER

árbol

decir

pensar

ventana

¡Estos árboles!

Completa la oración.

Marca la mejor opción.

1 Sam _____ que los árboles eran divertidos.

☐ pensaba ☐ ventana

2 Algunos _____ tienen cortezas gruesas.

☐ árboles ☐ dijo

3 La _____ del granero está cerrada.

☐ ventana   ☐ árboles

4 —Plantemos un árbol — _____ Papá.

☐ dijo   ☐ ventana

Lee las palabras del cuadro. Escribe la palabra debajo de la imagen.

cigüeña   puerta

cuadro   piano

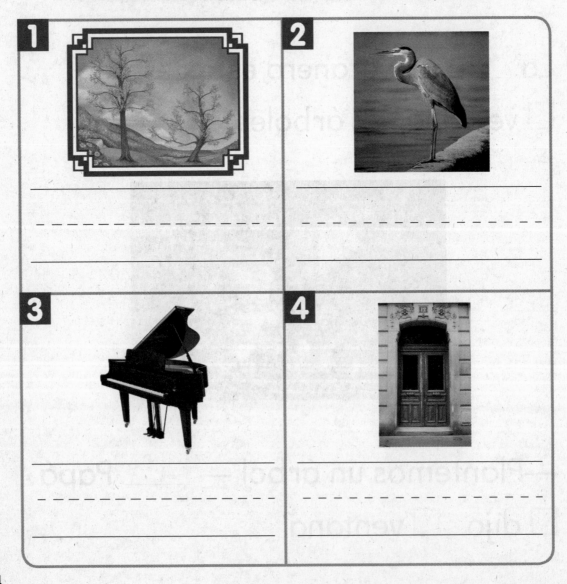

1

_____

- - - - - - - - - - - - - - -

_____

2

_____

- - - - - - - - - - - - - - -

_____

3

_____

- - - - - - - - - - - - - - -

_____

4

_____

- - - - - - - - - - - - - - -

_____

Calle Parque, 321

por Paloma Sáez

Yo nací en la Calle Parque, 321.

"Parque" no era un nombre adecuado.

Mi calle no parecía un parque.

¡Los parques tienen **árboles**!

Yo **pensaba** que nosotros también necesitábamos **árboles**.

Los **árboles** son divertidos de trepar.

Y además, en días calurosos, dan sombra.

Decidí hablar con el casero,
el señor Jacobo.

Le expliqué que necesitábamos **árboles**.

—Si encuentras **árboles**, Jim—**dijo** —,
los puedes plantar.

¡Y lo hice! Les pedí ayuda a mis amigos.

Fue divertido plantar esos **árboles.**

Pero los **árboles** tardan en crecer.

Esa parte me puso triste.

Al atardecer, desde mi **ventana**,

vi llegar un gran camión.

El casero Jacobo llegó en él.

—Bien hecho, chico— dijo—.

¡Traigo un regalo por tu duro trabajo!

En estos días, el patio se ve muy bonito.

Me gusta colgarme de las ramas de

mi **árbol**.

Y en los días de calor, ¡hay mucha sombra!

Marca la respuesta.

1 ¿Dónde tiene lugar este cuento?

☐ cerca de la casa de Jim

☐ en una granja

2 ¿Quiénes son los personajes principales?

☐ un árbol y un edificio

☐ Jim y el casero Jacobo

3 ¿Por qué se pone triste Jim?

☐ porque no consigue ningún árbol

☐ porque los árboles tardan en crecer

Escribe sobre el regalo del casero Jacobo.

_____

- - - - - - - - - - - - - - - - - - -

4 Su regalo es _____.

El mundo de las aves

aprender

cría

hasta

seguir

Completa la oración.

Marca la mejor opción.

① Esta grulla planea _____ que necesita descansar.

☐ hasta   ☐ seguir

② Los patitos quieren _____ a su mamá.

☐ hasta   ☐ seguir

3 La mamá alimenta a su _____.

☐ cría ☐ aprender

4 El pollito tiene que _____ a comer solo.

☐ cría ☐ aprender

Lee las palabras del cuadro. Escribe la palabra debajo de la imagen.

cielo   patio

pierna   columpio

El pavo real y la grulla

por Ana Lázaro

Un día Pavo Real conoció a Grulla.

—¡Cuánto lo siento! —dijo Pavo Real—. Ser gris y opaco tiene que ser muy aburrido.

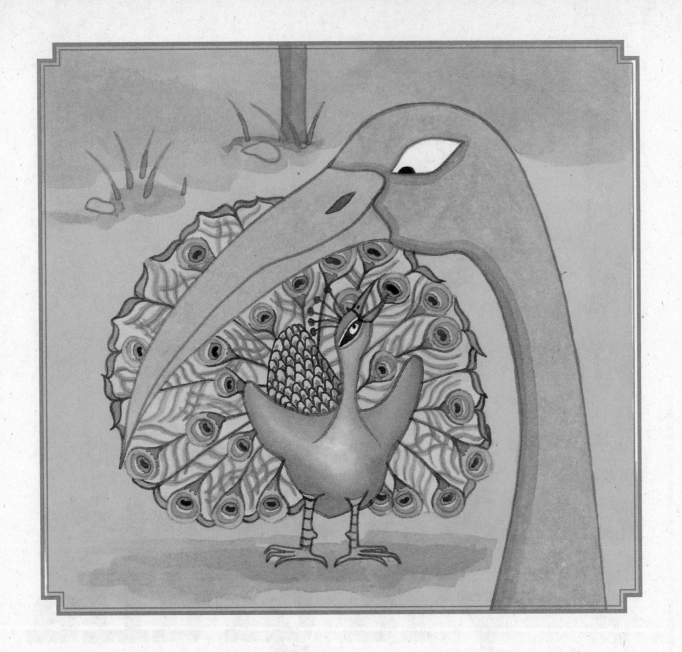

No estuvo bien que dijera eso.

Pero a Grulla no le importó.

—A mí me gusta ser así —dijo Grulla.

—¿De verdad? —preguntó Pavo Real.

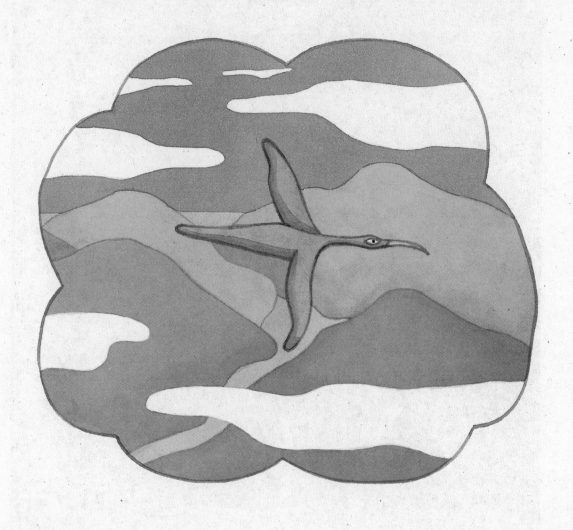

—¡Claro! —contestó Grulla—. ¿Ves?

Las grullas podemos planear millas y millas.

Grulla abrió sus largas alas.

Dio un giro y salió volando con el viento.

¡Parecía divertido! Pavo Real quiso **seguir** a Grulla.

Batió sus alas **hasta** levantarse del suelo.

Pero no pudo planear como Grulla.

—Yo planeo así desde que era una **cría**
—dijo Grulla—. **Aprender** no fue difícil.
Tú eres rápido, Pavo Real. Pero nunca
podrás planear como yo.

Pavo Real se quedó pensativo.

Por primera vez en su vida, se dio cuenta.

¡Todos los pájaros eran especiales,

no sólo él!

Cada uno es especial a su manera.

Vuelve a leer y responde

Leamos juntos

Marca la respuesta.

1 ¿Qué palabra describe mejor a Pavo Real?

☐ orgulloso   ☐ divertido

2 ¿Qué sabe hacer Grulla?

☐ planear   ☐ abrir su cola

3 ¿Qué lección aprende Pavo Real?

☐ cómo volar millas y millas

☐ que todos los pájaros son especiales

Escribe sobre ti mismo.

4 ¿Qué te hace especial?

_____

_____

_____

✓ PALABRAS QUE QUIERO SABER

casa

junto

niño

otra vez

Mascotas amigas

Completa la oración.

Marca la mejor opción.

1 Sam y Pedro van a ___.

☐ casa ☐ niño

2 Beba y su gato juegan ___.

☐ juntos ☐ casa

3. Max es un ____.

☐ juntos   ☐ niño

4. Ana le da de comer a sus peces ____.

☐ otra vez   ☐ casa

Lee las palabras del cuadro. Escribe la palabra debajo de la imagen.

| caimán | boina |
| audífonos | astronauta |

1

_____

- - - - - - - - - - - - - - - - -

_____

2

_____

- - - - - - - - - - - - - - - - -

_____

3

_____

- - - - - - - - - - - - - - - - -

_____

4

_____

- - - - - - - - - - - - - - - - -

_____

Leo   **Pipo**   **Mimí**   **Niños en casa**

El sueño de las mascotas
por Paolo Rizzi

Leo, Mimí y Pipo se sentaron a soñar **juntos**.

—Ser mascota es muy aburrido —dijo

Mimí—. El **niño** de mi **casa** no es divertido.

Mimí sacudió la cabeza, tristemente.

—Es verdad —dijo Leo—. El **niño** de mi **casa** solo juega a buscar la pelota.

¡Tira y recoge! ¡Una y **otra vez**!

—Si persiguiera cosas conmigo —dijo Leo—, ¡sería mucho más divertido!

—No hay nada como cazar —dijo Mimí—. El **niño** de mi casa solo me tira ratones de juguete.

No es divertido. ¡Me gustaría que cazara conmigo!

—Lo que yo odio —dijo Pipo— es la hora del baño. Sería bueno si pudiera bañarme en barro. ¡Qué placer!

Pero en ese momento, sonó la
campana para la cena.

Mimí se puso de pie.

—Guau, guau —dijeron Leo y Pipo.

Y todas las mascotas corrieron a casa.

Marca la respuesta.

1 ¿Por qué está Leo enfadado con su dueño?

☐ porque solo juega a buscar la pelota

☐ porque persigue ardillas

2 ¿Qué quiere Pipo que haya en su baño?

☐ barro   ☐ jabón

3 ¿Qué hace que las mascotas vuelvan a casa?

☐ la campana para la cena

☐ la llamada de sus dueños

Escribe sobre los sueños de las mascotas.

4 _____

_____

Lección 24

Mariposas

cálido

clase

cualquier cosa

mariposa

Completa la oración.

Marca la mejor opción.

① En el sol se está _____.

☐ cálido ☐ clase

② Esta _____ de insecto tiene alas grandes.

☐ clase ☐ mariposa

82

3 La mariposa se posa sobre _____.

☐ mariposa ☐ cualquier cosa

4 ¿Se convertirá en _____?

☐ cálido

☐ mariposa

Lee las palabras del cuadro. Escribe la palabra debajo de la imagen.

aceite   peine

rey   buitre

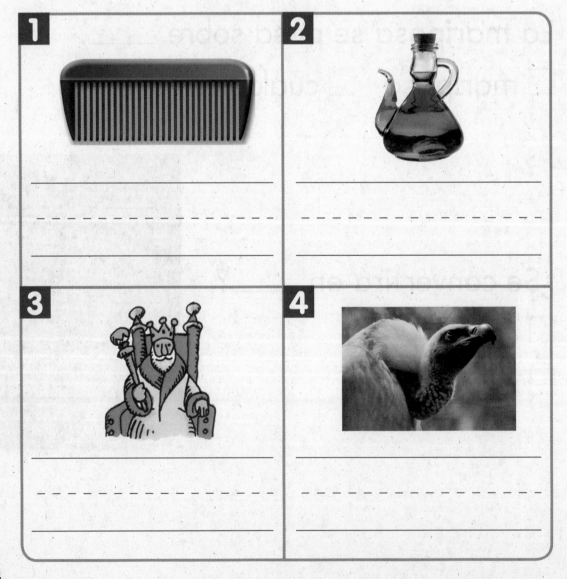

1

2

3

4

Las cosas que se encuentran

por Megan Linke

Un **cálido** día de primavera, Hormiga salió a pasear.

Muy pronto encontró una cosa rara.

—¿Qué tenemos aquí? —se preguntó.

Y metió la cosa rara en su bolsa.

Más tarde, Hormiga pasó bajo un banco.

Cayeron unas cuantas migas.

Hormiga las recogió.

Las metió en su bolsa también.

—Vaya, vaya —dijo Hormiga—.
¿Y ahora?

Miró hacia arriba, a una extraña
cosa verde.

Hormiga puso su pie sobre una roca.

Y observó la extraña cosa verde.

—¿Será una **clase** de planta? —se preguntó—.

¡No! ¡Es un insecto como yo!

—¡Qué pena, insecto! —lloraba Hormiga—.

Tú no puedes correr y saltar.

No puedes hacer **cualquier cosa**.

—¡No es cierto! —dijo la cosa, y se movió.

Y entonces la **mariposa** abrió sus alas y salió volando.

Hormiga se quedó con la boca abierta.

—Vaya, vaya —dijo—. ¡Las cosas que se encuentran!

Vuelve a leer y responde

Leamos juntos

Marca la respuesta.

1 ¿Qué encontró primero Hormiga?

☐ la pasta   ☐ las migas

2 ¿Qué encontró Hormiga al final?

☐ la cosa verde   ☐ la pasta

3 ¿Qué pasó al final?

☐ La cosa se convirtió en mariposa.

☐ Cayeron unas migas sobre Hormiga.

Escribe sobre la cosa verde.

4 _____

PALABRAS QUE QUIERO SABER

comprar
familia
por favor
yo mismo

El día de la mudanza

Completa la oración.

Marca la mejor opción.

① En la casa de al lado vivirá una nueva

_____.

☐ familia ☐ compró

② Ana _____ un regalo para los nuevos vecinos.

☐ familia ☐ compró

92

3 ¿Me ayudas con la caja, _____?

☐ yo mismo ☐ por favor

Sarah's Room

4 _____ llevaré las cajas al auto.

☐ Yo mismo ☐ Por favor

Lee las palabras del cuadro. Escribe la palabra debajo de la imagen.

> sentado   casita
>
> atrapada   hermanito

1

_____

- - - - - - - - - - -

_____

2

_____

- - - - - - - - - - -

_____

3

_____

- - - - - - - - - - -

_____

4

_____

- - - - - - - - - - -

_____

¿Quién será?

por Marvin Hampton

Mapache salió a barrer su portal.

Mientras barría, llegó un camión.

—¿**Compró** la casa de al lado un animal?

—preguntó—. ¿Quién será?

—Espero que no sea un cangrejo —pensó Mapache—. Los cangrejos son muy orgullosos y no son simpáticos. ¡Y además pueden pinchar!

—A lo mejor será un buey. Un buey puede
pisarme las plantas. ¡Un buey puede
pisarme a mí! **Yo mismo** tendría que
esconderme en casa.

—Tal vez será una rana. Las ranas son
ruidosas. Las ranas cantan y cantan.
¡Ojalá que no sea una rana!

—O tal vez serán almejas. Las almejas
no son divertidas. No puedo invitarlas
a tomar el té.

Entonces, aparecieron Gallina y su **familia**.

Mapache no tenía problemas con las

gallinas.

—Un placer conocerlas —gritó Mapache—.

¡Por favor, vengan a tomar el té un día!

Marca la respuesta.

1 ¿Cómo se siente Mapache al principio?

☐ preocupado   ☐ emocionado

2 ¿Por qué a Mapache no le gustan las ranas?

☐ Porque son ruidosas.

☐ Porque son malas.

3 ¿Por qué a Mapache no le gustan las almejas?

☐ Porque no son divertidas.

☐ Porque toman demasiado té.

Escribe sobre Mapache.

_____

4 Mapache es _____.

estudiar

inclusive

maestro

sorpresa

Clase de arte

Completa la oración.

Marca la mejor palabra.

1 Mi _____ de arte es muy amable.

☐ inclusive ☐ maestra

2 Quedó _____ mejor con azul.

☐ inclusive ☐ maestra

3 Yo _____ cada marcador cuidadosamente.

☐ sorpresa ☐ estudié

4 ¡_____! Mi mamá me dio un regalo.

☐ Sorpresa ☐ estudió

Lee las palabras del cuadro. Escribe las palabras debajo de la imagen.

chistoso   deliciosa
preciosa peligroso

El perrito artista

por Janice Winfield

Estaba lloviendo.

Fefo y yo no teníamos nada que hacer.

¡Estábamos muy, muy aburridos!

Saqué pinturas y papel.

Pero mi amiga Juana me tomó por
sorpresa.

—¿Preparada, Juli? —preguntó—. ¡Vamos
de compras!

Ir de compras me puso de buen humor.

Pero cuando volvimos, ¡se acabó!

Manchas de patas, manchas de hocicos...

¡Huellas en todos los papeles blancos!

¡Fue Fefo! Su nariz roja lo dejaba claro.

Al principio, me enfadé mucho.

Pero luego **estudié** de cerca el arte de Fefo.

Recogí los dibujos de Fefo.

Añadí unos puntos y unas líneas.

—¡No está mal! —le dije— Pero

ahora estará **inclusive** mejor.

Mamá estaba de acuerdo conmigo.

¡Y Mamá es **maestra** de arte, o sea que sabe mucho!

Después de eso, volvió mi buen humor.

¡No está mal para un día de lluvia!

Vuelve a leer y responde

Leamos juntos

Marca la respuesta.

1 ¿En qué se parecen Juli y Fefo?

☐ Ambos pintan.

☐ Ambos están siempre aburridos.

2 ¿Qué hace Juli con los dibujos de Fefo?

☐ Los tira. ☐ Los mejora.

3 Al final, el humor de Juli _____.

☐ mejora ☐ empeora

Escribe sobre un día de lluvia.

_____

4 -

_____

✓ **PALABRAS QUE QUIERO SABER**

contento

diferente

historia

siempre

Nuestros talentos

Completa la oración.

Marca la mejor palabra.

1 Susana cuenta las _____ más divertidas.

☐ historias   ☐ diferentes

2 Todos somos buenos en _____ cosas.

☐ siempre   ☐ diferentes

3 Dibujar pone _____ a Emilio.

☐ contento ☐ historias

4 Pam _____ gana a las damas.

☐ contentos ☐ siempre

Lee las palabras del cuadro. Escribe las palabras debajo de la imagen.

> mordida   dormida
> divertido derretido

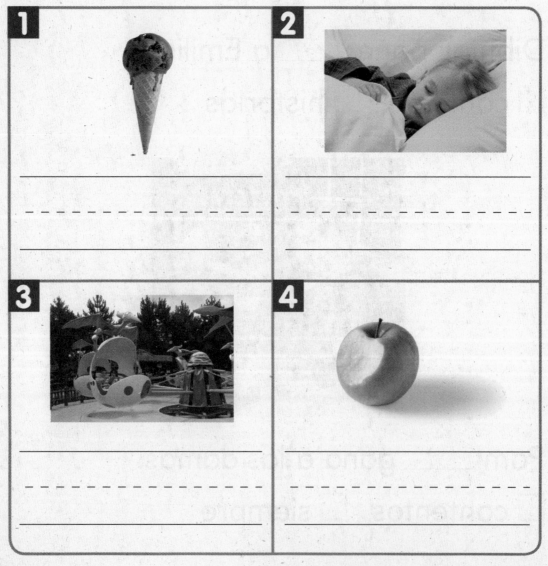

1

_____
- - - - - - - - - - -
_____

2

_____
- - - - - - - - - - -
_____

3

_____
- - - - - - - - - - -
_____

4

_____
- - - - - - - - - - -
_____

¿Qué sabe hacer la gente?

por Megan Linke

Mi amigo Sammy cuenta chistes.

Sus **historias** son muy buenas.

¡Sam es un niño muy gracioso!

Es más gracioso que Filomena.

Filomena no sabe contar chistes.
¡Pero hace pompas de jabón!
Filomena puede hacer pompas
tan grandes como un camión.

Ojalá mis pompas fueran así,
pero lo mío no es soplar.
Yo soy bueno cantando.
¡Como un rey puedo cantar!

Mi amiga Sonia es muy lista.
En matemáticas es la mejor.
Suma y resta diez veces
mejor que Nicanor.

Pero Nicanor es un profesional
chutando a la portería.
Siempre marca muchos goles.
¡Tiene buena puntería!

¡Yo estoy **contento** con mi canto!

Cada uno tiene un talento **diferente**.

Ahora dime, amigo mío,

¿qué sabe hacer otra gente?

Marca la respuesta.

1 ¿Qué tiene de especial este cuento?

☐ que rima

☐ que no tiene palabras

2 ¿De qué trata la página 115?

☐ de contar chistes

☐ de jugar al fútbol

3 ¿Por qué hay números en la página 118?

☐ para enseñar matemáticas

☐ porque las palabras tratan sobre matemáticas

Escribe sobre tu talento especial.

4 _____

- -

_____

✓ **PALABRAS QUE QUIERO SABER**

deber

grande

gritar

oír

¡Yo puedo hacerlo!

Completa la oración.

Marca la mejor palabra.

1 Nosotros podemos levantar

la caja _____.

☐ grande ☐ oyó

2 —¡Gané! — _____ la chica.

☐ oyó ☐ gritó

3 Mucha gente _____ desde la calle lo que cantamos en clase.

☐ oyó ☐ deberíamos

4 Nosotras _____ formar parte del equipo.

☐ deberíamos ☐ grande

123

Lee las palabras del cuadro. Escribe las palabras debajo de la imagen.

inactiva	inflamable
impar	impedir

1

_____
- - - - - - - - - - - - -
_____

2

_____
- - - - - - - - - - - - -
_____

3

_____
- - - - - - - - - - - - -
_____

4

_____
- - - - - - - - - - - - -
_____

El poderoso topo

por Paolo Rizzi

Un día, Mula se encontró una cosa rara.
—¡Vaya! ¡Parece comida! —dijo Mula—.
¡Qué bien!

Mula la tomó con sus manos y tiró y tiró.
Pero la cosa **grande** no salía.

—No puedo sacarla yo solo —dijo Mula.

Y Cerdito llegó a ayudarlo.

—**Deberíamos** atarlo a esta cuerda —dijo Cerdito.

Topo los **oyó** gritar.

—¿Los ayudo? —preguntó.

—No seas tonto —gruñó Mula.

—Eres demasiado pequeño —resopló
Cerdito.

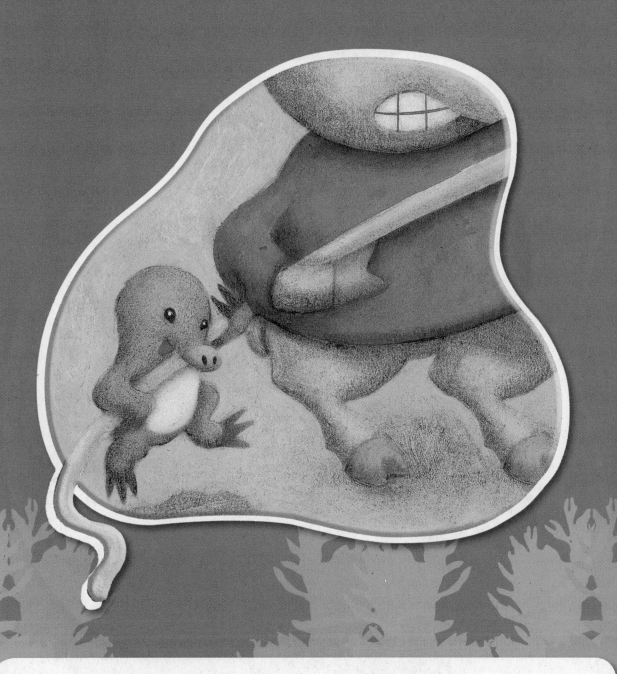

Pero Topo quiso intentarlo.

Agarró la cuerda.

Y tiró de ella con todas sus fuerzas.

¡Pam! ¡El pequeño Topo lo consiguió!

— ¡El poderoso Topo al rescate!— se alegró Mula.

— ¡Cena en mi casa! —**gritó** Topo.

Vuelve a leer y responde

Leamos juntos

Marca la respuesta.

1 **¿Quiénes son los personajes de este cuento?**

☐ Mula, Cerdito y Topo

☐ una zanahoria y una cuerda

2 **¿Dónde tiene lugar este cuento?**

☐ en casa de Topo ☐ afuera

3 **¿Qué problema tiene Mula?**

☐ No puede sacar la zanahoria.

☐ No tiene amigos.

Escribe sobre Topo.

4 _____

_____

✓ **PALABRAS QUE QUIERO SABER**

casi

desaparecer

hoja

idea

Insectos interesantes

Completa la oración.

Marca la mejor palabra.

1 ¿Puedes ver el insecto en las _____?

☐ desapareceré   ☐ hojas

2 Me iré volando. Pronto _____.

☐ desapareceré   ☐ casi

132

3 La mantis religiosa _____ ha terminado de comer.

☐ casi ☐ idea

4 ¿Qué hará después? Tengo una _____.

☐ idea ☐ hoja

Lee las palabras del cuadro. Escribe las palabras debajo de la imagen.

> desorden remojarse
> descalzo   relleno

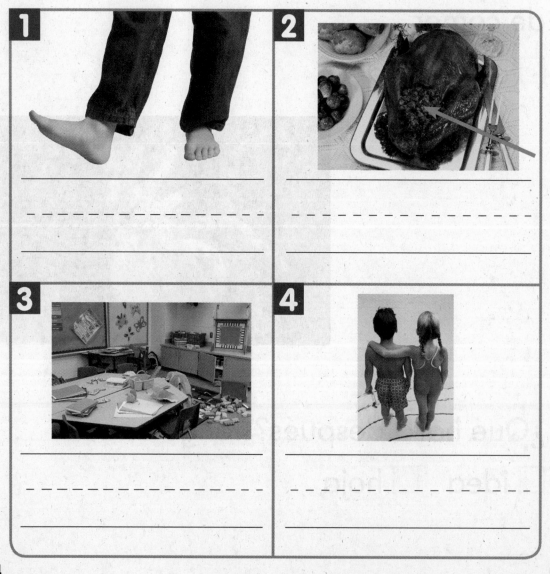

1

_____

\- \- \- \- \- \- \- \- \- \-

_____

2

_____

\- \- \- \- \- \- \- \- \- \-

3

_____

\- \- \- \- \- \- \- \- \- \-

_____

4

_____

\- \- \- \- \- \- \- \- \- \-

Una idea desastrosa

por Paolo Rizzi

Palito estaba sentado comiendo una manzana.

Paró cuando le cayó una gota.

¡Chop, chop, chop!

El agua caía de las **hojas** rápidamente.

—No puede ser lluvia —dijo Palito—.

¡Si hace sol!

Entonces a Palito se le ocurrió una **idea**.

—¿Y si se está derritiendo el sol? —lloró.

Palito corrió a casa de Mariquita.

—¡Mariquita! —gritó asustado—.

¡El sol se está derritiendo!

¡Pronto **desaparecerá**!

—¡Nos ahogaremos! —se lamentó Mariquita.

Y corrió a contárselo a Hormiga.

—¡El sol se está derritiendo! —gritó

Mariquita—.

¡Ya **casi** ha desaparecido!

Los tres insectos corrieron a decírselo a
Mamá Hormiga.
Pero Mamá Hormiga ni gritó ni lloró.
—Miren hacia arriba, pequeños insectos
—dijo.

—El cielo está azul —dijo Mamá Hormiga—.
El sol todavía brilla con ganas.
¡Pero era la hora de regar las plantas!

 **Vuelve a leer y responde**

Leamos juntos

Marca la respuesta.

1 ¿Por qué paró de comer Palito?

☐ Porque le cayó agua.

☐ Porque se lo pidió Mariquita.

2 ¿Cómo hizo Palito que se sintiera Mariquita?

☐ feliz ☐ preocupada

3 ¿Quién le dijo a Palito lo que estaba pasando en realidad?

☐ un hombre ☐ Mamá Hormiga

Escribe sobre tu tipo de insecto favorito.

4 _____

_____

_____

✓ PALABRAS QUE QUIERO SABER

campo

encantar

equipo

jugar

¡Chuta!

Completa la oración.
Marca la mejor palabra.

1 Las jugadoras corren en el _____.

☐ todos ☐ campo

2 Nuestro equipo suele _____ todos
los días.

☐ jugar ☐ encanta

142

3 Cuando marcó gol, el _____ lo celebró.

☐ equipo ☐ juega

4 A ellos les _____ ser parte del equipo.

☐ encanta ☐ campo

Lee las palabras del cuadro. Escribe las palabras debajo de la imagen.

gritaban despertarse
tocarán   esquivando

1

2

3

4

Las hermanas futbolistas

por Roberto Gómez

A Edina y a Marga les **encantaba**
el fútbol.

La mayoría de las veces, esto era bueno.

Pero no siempre.

Un día mamá las llevaba a casa.

El **equipo** de Marga acababa de **jugar**.

—¡Jugaste muy bien, Marga! —dijo
Edina—. ¡Espero poder jugar igual
de bien el viernes!

Marga dejó de sonreír.

—¿Juegas el viernes? —preguntó—.

¡Yo también! ¡Jugarás contra mi equipo!

Desde ese momento, las hermanas dejaron
de ser amigas.

—¡Yo puedo correr más rápido
que tú! —gruñía Edina.

—¡Y yo puedo chutar más fuerte
que tú! —gruñía Marga.

El gran día, Edina corrió de arriba abajo del **campo**.

¡Pum! Cuando marcó, todos lo celebraron.

Marga también lo celebró.

Hasta se olvidó de que estaba enfadada.

—¿Sabes qué? —dijo Marga—.

No importa quién gane. **Jugar** contigo es

muy divertido.

—Yo también lo creo —dijo Edina—.

¡Juguemos!

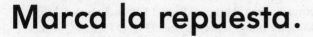
Marca la repuesta.

1 ¿Qué relación familiar tienen Edina y Marga?

☐ Son hermanas.   ☐ Son primas.

2 ¿Por qué se enfadan Edina y Marga?

☐ Porque tienen que dejar de jugar al fútbol.

☐ Porque van a jugar una contra otra.

3 ¿Por qué se olvida Marga de que estaba enfadada?

☐ Porque se terminó el partido.

☐ Porque Edina marcó un gol.

Escribe sobre tu deporte favorito.

4 _____

_____

PHOTO CREDITS